AF229799

A LA MÉMOIRE

DE M. FRANÇOIS ROMAIN

BOUVRAIN

DE M. L'ABBÉ ROMAIN

BOUVRAIN

ET DE Mlle VIRGINIE

BOUVRAIN

V. B.

A LA MÉMOIRE

DE M. FRANÇOIS ROMAIN

BOUVRAIN

DE M. L'ABBÉ ROMAIN

BOUVRAIN

ET DE Mlle VIRGINIE

BOUVRAIN

V. B.

M. François Romain

BOUVRAIN

Président de la Conférence de Saint-Vincent-de-Paul
de la paroisse Saint-Séverin, a Paris.

Né à Montmirail, le 8 Avril 1795.
Mort à Paris, le 17 Mai 1866.

Vir sapiens, fortis est et vir doctus, robustus et validus.

L'Homme sage est fort et l'homme docte robuste et valide.

(*Prov.*, xxiv. — 5.)

Iniquitatem odio habui, et abominatus sum; legem autem tuam dilexi.

J'ai haï l'iniquité et l'ai eue en abomination; mais j'ai aimé votre loi.

(*Psal.* cxviii. — 163.)

Orationes ejus et eleemosynæ ascenderunt in conspectu Dei.

Ses prières et ses aumônes ont monté en présence de Dieu.

(*Act.*, x.— 4.)

M. BOUVRAIN

Les pauvres de la paroisse Saint-Séverin viennent
de faire une grande perte. Ils ne sont pas les seuls ;
M. Bouvrain laisse après lui des regrets bien nombreux
et bien mérités.

Il était né à Montmirail, en 1795, en pleine révolu-
tion. A la réouverture des églises, son père le conduisit
à Paris et le fit entrer à la maîtrise de la paroisse Saint-
Germain-des-Prés. Il eut là pour condisciples le savant
M. Gaultier de Claubry et l'abbé Poiloup, de pieuse mémoire. Il acheva ses études sous la direction d'un vieux
prêtre, d'abord émigré, et qui s'était ensuite retiré à
Versailles : homme d'un grand caractère, aussi docte que
saint. En peu de temps, M. Bouvrain fut jugé ca-
pable d'exercer par lui-même les fonctions de précepteur.

Rapprochement singulier ! Il entrait plus tard dans
la maison des Musset-Pathay, et se trouvait avoir pour
élève le célèbre Alfred de Musset, cet enfant des muses à
verve si vive et si française, qui serait peut-être devenu
le premier des poëtes de ce temps, s'il n'était allé, avec le

prodigue de l'Évangile, dévorer sa substance dans les régions les plus éloignées de la vertu. Le précepteur doit-il être responsable des égarements de son disciple? Qui le pourrait penser? On n'accuse pas saint Vincent de Paul d'avoir mal élevé le cardinal de Retz: il y a des natures que rien ne peut dompter. Alfred de Musset conserva toujours de M. Bouvrain un souvenir respecté, souvenir qui ne demeura pas absolument stérile. N'eût-il jamais écrit que ces pages incomparables où il décrit les ravages du voltairianisme en France, c'en serait assez pour oser affirmer qu'il n'avait pas oublié toutes les leçons de son maître.

En 1828, M. Bouvrain, après avoir quitté les Musset, avait embrassé la profession d'architecte. Il s'était marié et occupait déjà son appartement de la rue Serpente, où il vient de mourir.

Ce n'est pas rien, de nos jours, de pouvoir compter trente-huit ans passés dans la même maison. C'est du bonheur, puisqu'on n'a été ni exproprié ni chassé plus loin; c'est surtout un acte de vertu. Qui de nous n'a pas éprouvé le désir d'agrandir son logis à mesure qu'il s'est senti plus à l'aise en ses affaires? M. Bouvrain ne connut jamais ces besoins croissants du bien-être. Ce qui lui suffisait il y a quarante ans lui suffisait encore hier. Il avait à assurer le sort des cinq enfants que Dieu lui avait donnés; il le fit, et largement, en demeurant jusqu'à la fin dans les réserves de la plus stricte économie.

C'est en 1844 que je connus M. Bouvrain. Je me rappelle encore l'impression que j'éprouvai à la première
visite que je lui rendis. Une fois arrivé à cette vieille
maison de la rue Serpente, tout proche de l'hôtel Mignon,
jadis si regardé; après avoir gravi un premier escalier
qui ne manquait pas d'une antique beauté, on se trouvait
bientôt devant une très-modeste porte où l'on frappait
comme au bon vieux temps. On entrait dans un cabinet
de travail. Une large table, couverte de plans et de devis,
vous indiquait la place de ce labeur principal, que
le chrétien appela *son devoir*. De tous côtés, des rayons
chargés de livres nombreux et de choix vous disaient en
même temps que vous aviez affaire à un homme non moins
érudit qu'occupé. Ce qui avait paru depuis plusieurs semaines dans le monde littéraire était là, entassé sur
la pierre de la cheminée : le tout, coupé, lu, annoté.
M. Bouvrain avait formé son jugement sur chacun de ces
ouvrages; jugement exact, toujours exprimé en bons
termes et avec modération. Ce n'était là qu'une entrée
en matière; le savoir-faire, c'était de le pousser sans
qu'il s'en aperçût, dans des conversations intimes. On
était bientôt sous le charme de sa parole. Sa mémoire
était imperturbable : il savait l'histoire de France en
perfection, surtout celle des temps plus rapprochés des
nôtres. A part M. l'abbé Gosselin, directeur au séminaire
Saint-Sulpice, un des éditeurs des œuvres de Bossuet et
de Fénelon, je n'ai jamais rencontré quelqu'un qui pos-

sédât son xviiie siècle comme M. Bouvrain. S'agissait-il,
par exemple, de l'histoire du jansénisme, il citait également une lettre d'Arnauld ou de Nicole, un mot de
Saint-Cyran, une conversation de Pascal, une conférence
de la mère Angélique. Il eût marché les yeux fermés dans
Port-Royal des champs ou de Paris. Il désignait l'empla-
cement de la grange où travaillaient *nos messieurs*,
la porte sous laquelle se tenait le prince de Luynes,
lorsque, déguisé en verdurier, il apportait sous sa blouse
les pamphlets du parti, imprimés secrètement en Hol-
lande. Il savait également tout ce qu'en avaient écrit les
jésuites, et aussi les avertissements de Bossuet et les man-
dements de Fénelon. Tous ces grands hommes lui étaient
familiers ; l'histoire de leur vie, de leurs œuvres, jusqu'à
la suite de leurs portraits, il avait tout étudié, et dans les
derniers détails. Ce que je dis du jansénisme, il faut le
dire également de tous les autres faits religieux et litté-
raires de cette grande époque nationale : on prenait à
l'écouter le plaisir qu'on éprouve à lire Saint-Simon ou le
Père Rapin.

Chez M. Bouvrain, l'âme était mille fois plus cultivée
que l'esprit. Les saints Évangiles, les Pères, surtout les
Confessions de saint Augustin, la Vie des saints, les
auteurs ascétiques, saint François de Sales, son patron
et son docteur favori, faisaient ses lectures habituelles. Il
aimait ces paroles de Fénelon : « Ce qui fait que nous
relisons les bons livres, c'est que nous les avons beaucoup

lus. » Il lisait si bien, surtout les livres de Dieu ! Sa figure intelligente et bonne exprimait alors si parfaitement le recueillement, la placidité de son âme, qu'on en demeurait soi-même pénétré. On voyait qu'il était à un festin ; il savourait la vérité comme on mange un pain fortifiant. Aussi, quelles connaissances théologiques ! quelle science du cœur ! quelle expérience chrétienne ! c'est là ce que ses amis lui venaient demander ; c'est ce qu'il leur donnait avec tant de simplicité et d'abandon.

Après cela, comment raconter sa piété, ses longues visites à l'église, la ferveur de sa prière, la fréquence de ses communions ! Il y a là bien des secrets dont Dieu seul a reçu la confidence. Nous autres, qui ne pouvons estimer la vertu que par ses fruits, nous nous contenterons de citer encore quelques traits qui pourront mieux indiquer le caractère éminemment chrétien de l'ami que nous regrettons.

Quand on rencontre un homme aussi attaché à ses devoirs que l'était M. Bouvrain, on a droit de lui appliquer les paroles de l'Écriture : « *Il a vieilli plein de jours.* » Il avait le culte du foyer domestique ; il s'y tenait enfermé avec bonheur, parce qu'il y trouvait une femme qu'il aimait tendrement, des enfants qui faisaient sa joie, des loisirs suffisants pour vaquer à Dieu et à lui-même. Mais quand le devoir ou la charité l'appelait ailleurs, il quittait tout, et le temps, les sacrifices et les dangers n'étaient rien pour lui. On le vit, en 1848, passer des jours et des nuits dans les rangs de la garde nationale. Il montra un grand courage et une rare présence d'esprit lorsque, étant aux portes du Luxembourg, il eut à parlementer avec les émeutiers qui voulaient forcer le palais. Aux journées de Juin, il vit tomber à ses côtés l'infortuné commandant Masson ; il fut lui-même renversé par terre et légèrement blessé. On le nomma capitaine; il garda ce grade jusqu'à ce que l'orage révolutionnaire fût apaisé.

Cette même année 1848, il entra dans la Société de Saint-Vincent-de-Paul de la paroisse Saint-Séverin : il en fut bientôt nommé président. Il rendit pendant dix-huit ans des services considérables. Nul mieux que lui ne connaissait l'ouvrier de Paris ; il vivait à ses côtés, il savait ses habitudes, et comment, trop souvent, hélas! il arrive à la misère. Aussi était-il habile à prévenir des malheurs ; on le consultait souvent comme un arbitre et un sauveur. Pour le pauvre, il en avait l'amour, parce qu'il en avait l'intelligence chrétienne. Que de fois j'ai admiré la charité que Dieu lui avait mise au cœur? Lui, d'ordinaire si réservé, quand il se trouvait avec des prêtres amis, il leur parlait des indigents en termes si ardents qu'on se prenait à rougir : « Les foules se perdent, disait-il, et qui les sauve? — Le salut de la France est dans le peuple, et qui s'en occupe? — Qui, comme Jésus-Christ, appelle les pauvres? — Qui sait leur dire : Venez à moi, vous tous qui êtes affligés, et je vous soulagerai? » Il est peu de prêtres qui aient mieux et si souvent prêché l'Évangile aux indigents que M. Bouvrain. Ce fut la préoccupation de sa vie; il ne donnait du pain que pour avoir droit de dire la bonne parole; il ne secourait que pour rendre ses assistés plus chrétiens. Sa présidence de la Société de Saint-Vincent-de-Paul lui prenait chaque semaine de longues heures. Une nouvelle famille demandait-elle à être inscrite, il faisait lui-même les enquêtes, et de plus il se chargeait de toutes celles qui n'avaient pas de visiteurs. L'Œuvre des Enfants était son œuvre de prédilection : il passait une partie du dimanche au patronage des Frères des écoles chrétiennes : « Ayons les enfants, disait-il, demain nous aurons leurs pères. »

L'épreuve ne manqua pas à une existence aussi chrétienne. Dans l'année 1852, M. Bouvrain avait perdu une de ses filles : elle était morte à la fleur de l'âge et de la vertu. En 1858, il fut encore frappé dans ses plus chères affections. Dieu lui enleva son fils aîné, M. l'abbé Romain Bouvrain, qui comptait à peine quatre années de prêtrise. C'était comme le fruit des prières de son père : il en avait le talent, le charme, le zèle apostolique; il était la gloire et la joie de ses parents. Une maladie de poitrine l'arracha d'abord à son ministère, puis après à sa famille. On l'envoya dans le Midi pour se rétablir, et M. Bouvrain, retenu à Paris par la chaîne de ses affaires, se vit contraint de laisser partir seul et si loin son très-cher enfant. L'air de Saint-Tropez, où M. l'abbé Romain Bouvrain s'était retiré, ne put conjurer le mal, et, quelques mois après, une lettre arrivée à Paris annonçait la fin prochaine du jeune prêtre. M. Bouvrain partit pour aller recevoir le dernier soupir de son fils. Je n'ai rien entendu raconter de plus pathétique que l'histoire de ce voyage. Arrivé à Toulon, M. Bouvrain se jeta dans la voiture qui fait le service entre cette ville et Saint-Tropez ; mais il dut passer une journée entière pour faire quinze lieues ; on s'arrêtait à toutes les maisons de la route, sans que les supplications de ce malheureux père pussent presser d'un instant l'indolence cruelle du conducteur. M. Bouvrain arriva trop tard ; il trouva le corps de son fils exposé dans une chapelle. L'abbé Bouvrain avait sur lui ses habits sacerdotaux, son calice dans la main, et tout à l'entour des palmes et des fleurs jetées pêle-mêle : la foule laissa M. Bouvrain s'approcher de l'estrade. « C'est le père du saint qui arrive », disait-on de tous côtés.

En ce jour-là, M. Bouvrain avait été atteint au cœur ; j'ai toujours pensé qu'il avait rapporté de Saint-Tropez le germe de la maladie dont il est mort. La dernière année de sa vie a été chargée de souffrances ; il s'est vu dépérir, et il disait : « C'est bon de mourir tout doucement, cela donne le temps de se préparer. » Dans ses derniers jours, il a désiré revoir chacun de ses amis, pour leur faire ses adieux et se recommander à leurs prières. Le dimanche qui précéda sa mort, il interrogea son médecin pour savoir combien il avait encore à vivre : « Si vous avez quelque affaire à traiter, lui dit le médecin, c'est le moment. — Aucune, reprit M. Bouvrain, si ce n'est d'aller chercher le Père Milleriot, mon confesseur. » Il voulut être administré aussitôt après, et il demanda M. l'abbé Bernard, aumônier du Lycée de Saint-Louis, ancien ami de son fils, pour recevoir de ses mains les derniers sacrements. Il y eut alors une scène touchante. M. Bouvrain avait fait disposer sur une table, en face de son lit, un Christ, une statue de la Sainte Vierge, les fleurs blanches qui avaient reposé sur le cercueil de sa fille, et le calice de vermeil qu'il avait donné à son fils pour le jour de sa première messe. Lorsque le Saint-Sacrement arriva, le mourant demanda à M. l'abbé Bernard de déposer la sainte hostie sur le vase sacré qu'il avait gardé comme une relique; il voulait que la même patène dont le fils s'était servi pour porter Jésus-Christ au sacrifice du matin reçût encore Notre-Seigneur au moment de l'immolation du soir, que le père allait offrir avec sa vie.

L'Abbé Joseph PERDRAU, du Clergé de Paris.

(*Le Monde*, 7 juin 1866.)

M. l'Abbé Romain

BOUVRAIN

PRÊTRE

Ancien vicaire de Ménilmontant, aumônier du couvent de la Présentation.

Né à Paris, le 29 Septembre 1820.

Prêtre, le 22 Décembre 1855.

Mort à Saint-Tropez, le 11 Mars 1858.

Victima sacerdos.

Victime et prêtre !

M. l'Abbé Romain BOUVRAIN

Quand on se trouve en présence du cercueil d'un prêtre, enlevé en son printemps sacerdotal, on entend souvent répéter ces paroles : Quel dommage que ce saint homme, qui pouvait faire un si grand bien, et si longtemps, ne se soit pas plus ménagé! Il est tombé victime de son zèle. Cela serait-il, il faudrait admirer et bénir. Mourir de zèle, quelle mort! quel excès rémissible! nous qui aimons si peu, comment ne pas pardonner à ceux qui ont trop aimé! Mais qui sait le secret d'en haut? Il en est qui voient plus clair, parce que Dieu les illumine de plus loin. Ils ont reçu, en eux-mêmes, une réponse de mort et plus certaine et plus prochaine; ils se sentent dépérir; ils comprennent qu'ils approchent du terme; ils se pressent pour présenter au divin Maître une journée déjà pleine.

L'abbé Romain Bouvrain était de ces privilégiés, que Dieu a faits prêtres plutôt pour eux-mêmes que pour les autres; Dieu a voulu qu'il eût pendant toute l'éternité la gloire de partager le sacerdoce royal de Jésus-Christ: c'était la récompense de sa vertu virginale; prêtre et victime, il pourra suivre l'Agneau de plus près, et l'assister plus dignement en sa messe céleste.

Il serait édifiant de suivre ce jeune homme dans les premiers jours de son enfance ; dans le monde, il avait le cœur d'un prêtre ; à peine adolescent, il savait déjà évangéliser les enfants, les pauvres, les soldats. Il n'eut jamais que deux pensées : le calice et le salut des âmes. Le calice, il s'y est abreuvé ; le salut des âmes, il s'y est employé trois années, à peu près le même temps que N.-S. Jésus-Christ avait consacré à son ministère public.

Mgr l'archevêque de Paris avait, au sortir du séminaire, nommé M. Bouvrain vicaire de la paroisse de Ménilmontant. Trois prêtres seulement desservaient alors cette paroisse si nombreuse en indigents et en enfants ; ce n'était pas la moitié de ce qu'il eût fallu pour fournir aux besoins spirituels d'une telle population. L'abbé Bouvrain se mit à l'œuvre ; il y dépensa ses forces sans s'épargner aucunement ; prédication, catéchismes, administration des sacrements, congrégations de piété ; il embrassa tout, trouvant encore le temps de diriger un orphelinat de trois cents enfants, dont il fut bientôt le père et le soutien.

C'était beaucoup ; c'était trop pour une santé délicate. Encore, si l'abbé Bouvrain se fût contenté d'être bon pour les autres ! Mais comment dire l'austérité avec laquelle il se traitait lui-même ! Il menait rudement son corps, il mangeait peu, et seulement quand il avait achevé sa tâche ; il dormait sur la dure et s'interdisait le superflu pour pouvoir mieux soulager les pauvres. Ce n'est pas que ses amis ne lui adressassent par instants des conseils, j'allais dire des reproches, sur les ardeurs indomptées de son zèle. Je connais un prêtre qui le supplia un jour, les larmes aux yeux, de mieux ordonner sa vie, et de se ménager au moins quelques moments de repos à travers des occupations si chargées ; l'abbé Bouvrain l'écouta dans un humble silence ; puis il lui prit les mains, et, le regardant de ce regard de feu qui était le charme de son visage, il lui dit : « C'est assez !... mais là-haut !... » Que voulait-il dire ? Le prêtre, qui l'avait averti, a toujours pensé qu'il voulait parler d'un secret dont Dieu seul et lui avaient le mot.

A la fin de la seconde année, M. l'abbé Bouvrain était déjà incapable de poursuivre sa mission ; des crachements de sang avaient annoncé aux médecins une de ces maladies de poitrine qu'on peut bien conjurer un temps, mais jamais guérir ; ils conseillèrent d'envoyer le malade respirer l'air chaud de la Provence.

Quel sacrifice pour l'abbé Bouvrain ! Souvent on a essayé de peindre la douleur d'une mère qui se voit arracher à la tendresse de ses enfants ; mais le prêtre qui est contraint d'abandonner sa paroisse, ses œuvres, les enfants de son zèle, n'a-t-il donc pas aussi des entrailles ? Notre-Seigneur a comparé le sacerdoce à une maternité : Il en a les amours, les soucis et les chagrins.

L'inaction complète eût été le coup de la mort pour notre jeune lévite : ses supérieurs l'avaient prévu, et, dans leur sollicitude, il avaient demandé à Mgr l'évêque de Fréjus, dans le diocèse duquel il se rendait, de donner à l'abbé Bouvrain un emploi qui pourrait tromper son cœur d'apôtre, en lui permettant de se reposer. Il fut nommé aumônier du couvent de la Présentation de Saint-Tropez. C'était une communauté d'enfants comme à Ménilmontant : il avait changé de troupeau, et il était demeuré pasteur.

A peine arrivé à Saint-Tropez, l'abbé Bouvrain y fut regardé comme un saint prêtre : à voir sa figure, vraiment évangélique, surtout quand il célébrait les saints mystères, à l'entendre prêcher avec cette voix douce et pénétrante qui disait si bien la vivacité et la tendresse de sa foi, on avait aisément reconnu le prix de sa vertu ; sortait-il du couvent, chacun le regardait avec respect. « Voilà le jeune saint qui passe ! » disait-on. C'était le nom que le peuple lui avait donné et qu'il garda jusque sur son lit de mort.

Cependant, l'air du midi n'avait pas su rafraîchir la poitrine brûlante du malade ; aucun bien sensible, et surtout permanent, ne s'était manifesté ; au contraire, la faiblesse gagnait chaque jour ; pour tout œil expérimenté, ce n'était qu'une question de mois.

L'abbé Bouvrain résolut de donner une retraite à ses chères enfants. Fut-ce un accroissement de fatigue ou l'approche du terme fatal ? Le fait est qu'au milieu des exercices, le jeune prêtre fut repris de nouveaux crachements de sang, plus violents que tous ceux qui avaient précédé. Il ne s'en émut aucunement : il continua à prêcher et à confesser, comme s'il eût été en bonne santé; il avait hâte d'ajouter ce nouveau joyau à sa couronne.

Le mois de mars s'annonça sous les auspices les plus menaçants. Le 4, l'abbé Bouvrain quitta l'autel pour n'y plus remonter; sacrifice cruel! Ceux-là seuls le peuvent bien comprendre, qui, comme lui, ont vécu sur la terre d'exil.

En descendant de l'autel, il s'alita ; sa faiblesse était telle qu'il ne pouvait plus se soutenir. Du reste, il demeurait dans une liberté d'esprit parfaite; jusqu'à son dernier moment, il conserva la plénitude de son intelligence; nul ne sut mieux que lui qu'il allait mourir; nul n'offrit d'un cœur plus complet son âme à Dieu.

Cependant, le même jour, il conservait l'espoir, non pas de guérir, mais d'aller, comme il le disait, mourir à Paris. Il était fils : il eût voulu rendre le dernier soupir entre son père et sa mère, et recevoir encore une fois la bénédiction de M. le curé de Ménilmontant, qu'il chérissait comme un père très-tendre.

Ce fut le 11, au matin, après une nuit fort agitée, que le médecin lui déclara ouvertement l'imminence du danger, et la nécessité où il était de recevoir les derniers sacrements : « Allons, il faut partir, dit-il, avec un aimable sourire; «eh bien! partons... *Lœtatus sum in his quæ dicta sunt mihi...* » Puis il ajouta : « Que suis-je donc venu faire ici, mon Dieu ? » Apercevant la supérieure de la maison: « Madame la supérieure», lui dit-il, «demandez pour moi pardon à la communauté! Pardon ! » Ce furent ses dernières paroles.

Quelques heures plus tard, il put encore recevoir le Saint-Viatique et l'Extrême-Onction. Quand on lui présenta la sainte Hostie, il fit un suprême effort pour s'asseoir sur son lit et honorer Notre-Seigneur; puis il entra en agonie, ou plutôt dans un doux sommeil. Un prêtre, à son chevet, lui suggérait de saintes invocations, il les répétait des lèvres, baisait le crucifix qu'il avait à la main et qu'il ne quitta pas jusqu'au moment de sa mort. Il faisait souvent le signe de la croix, et encore se signait le front, la bouche et le cœur, comme fait le prêtre à la messe quand il récite l'évangile selon saint Jean. Enfin, sur les dix heures et demie du matin, le jeudi 11 mars 1858, il s'endormit dans le Seigneur.

Après sa mort, on le revêtit d'habits sacerdotaux, et il fut exposé dans la chapelle de la communauté. La ville entière vint le vénérer et faire toucher des chapelets et autres objets de piété; on le porta à visage découvert à l'église de la paroisse; on avait eu soin de déposer à ses pieds des branches de palmier et d'olivier, emblème de celui qui n'avait vécu que pour répéter les paroles de ce cantique angélique : « Gloire à Dieu, au plus haut des

cieux, et paix sur la terre aux hommes de bonne vo-
lonté ! »

Après la dernière absoute, comme on allait fermer le
cercueil, la foule se précipita et arracha les palmes qui
avaient touché de si pieuses reliques. Il fallut se hâter
pour empêcher les ornements sacrés d'être lacérés. Le
peuple parlait, il faisait entendre cette voix qu'on peut
bien appeler la voix de Dieu.

On m'a raconté un trait qui mérite d'être conservé.

Le jour de son sacre, Mgr Baudry, évêque de
Périgueux, de docte et aimable mémoire, s'entretenait,
avec quelques jeunes prêtres, d'un certain nombre de
jeunes gens qu'il avait formés au séminaire de Saint-
Sulpice. On vint à prononcer le nom de l'abbé Bouvrain :
« L'abbé Bouvrain », reprit Mgr Baudry d'un air pénétré, « que je l'ai aimé et regretté ! sa vie sacerdotale et
sa mort ont été celles d'un saint ! » Précieux témoignage
sorti de la bouche d'un prélat qui, lui aussi, comme son
disciple, devait mourir, après un sacrifice de deux
années, consumé par le zèle !

Dans les derniers jours qu'il passa à Saint-Tropez, se
sentant mourir, il avait manifesté le désir de reposer près
d'une sœur bien-aimée qu'il avait perdue quelques années
auparavant ; ce vœu a été satisfait : il attend la résurrec-
tion éternelle près de cette sœur, qui fut un ange de
piété, et mourut saintement à l'âge de dix-sept ans.

(M. l'Abbé Joseph PERDRAU, la Mort des Justes, t. Ier, 1866.)

Saint-Tropez, le 24 avril 1858.

Nous avons annoncé, il y a quelques semaines, la mort de M. l'abbé Bouvrain, vicaire de la paroisse Ménilmontant, à Paris, en dernier lieu aumônier du pensionnat tenu à Saint-Tropez par les dames de la Présentation de Lorgues. Nous nous proposions de revenir sur ce jeune prêtre dont la vie si courte a été si pleine, et dont la mort si édifiante a fait couler tant de larmes. Ce n'était que par circonstance que M. Bouvrain exerçait à la Présentation les fonctions d'aumônier. Son zèle ardent, secondé par les dons les plus heureux de la nature, avait besoin d'un plus vaste théâtre. Aussi c'est à une des paroisses les plus populeuses de Paris, à Ménilmontant, qui ne compte pas moins de 20,000 âmes, que Mgr Sibour plaça, le lendemain de son ordination, ce jeune prêtre au cœur d'apôtre. Il serait difficile de dire avec quel zèle M. Bouvrain se mit à l'œuvre. Trois prêtres seulement desservent cette immense paroisse, dont le matériel seul suffirait pour absorber une âme ordinaire. Lui ne vit là que la partie accidentelle de son ministère. Malgré sa faible santé, il se donna tout entier aux laborieuses fonctions de l'apostolat. Prédications, catéchismes, administration des sacrements, congrégations, œuvres diverses, si nombreuses à Paris, il embrassa tout, et trouva du temps encore pour donner des soins particuliers à un Orphelinat qui devint bientôt l'objet de ses plus chères sollicitudes. Que ne pouvons-nous citer quelques-unes des touchantes lettres que ces pauvres enfants, doublement orphelins depuis son absence, lui écrivirent pendant sa trop courte maladie! Quelle grâce naïve dans cette jalousie enfantine qui accuse presque les heureuses élèves de la Présentation de leur avoir ravi leur père bien-aimé!... Mais n'anticipons pas.

On comprend qu'au milieu de tant de travaux, la santé débile du jeune apôtre devait s'altérer peu à peu. Les soins les plus délicats auraient à peine suffi pour prolonger des jours si laborieux, et il se refusait presque le nécessaire! Sa vie était celle d'un véritable anachorète. Il traitait rudement son corps, mangeant peu, dormant sur la dure, s'interdisant le surplus pour pouvoir mieux soulager les pauvres. On comprend qu'un corps comme le sien devait bientôt succomber à tant de fatigues. En effet, après deux ans de travaux si rudes, la santé de M. l'abbé Bouvrain s'altéra visiblement ; de fréquents crachements de sang lui annoncèrent bien vite que ses forces étaient épuisées. Les médecins jugèrent qu'une suspension totale de travail était indispensable, et ils lui conseillèrent de demander au repos et à l'air du Midi le rétablissement de sa santé délabrée. Ce conseil n'était guère du goût de cette âme ardente. Néanmoins, toujours soumis aux desseins de la Providence, M. Bouvrain s'y soumit. Il se disposa donc à partir pour la Provence; mais auparavant il fit demander, comme passe-temps, à Mgr Jordany, par l'entremise de Mgr Morlot, archevêque de Paris, un poste d'aumônier dans son diocèse. L'aumônerie de la Présentation était alors vacante à Saint-Tropez ; ce poste lui fut assigné, et il partit aussitôt de Paris.

Qui dira le bien qu'il a fait dans cette maison naissante pendant les quelques mois de son trop court séjour? Vénéré comme un saint, aimé comme un père, il devint bientôt l'âme de la communauté. Comme il possédait à un haut degré cette double vertu que l'Écriture loue en Dieu : force et douceur, il fut vite entouré de cette affection tendre et respectueuse dont l'idéal est dans le ciel ! Quoique sa santé fût lente à se rétablir, il ne put contenir longtemps son activité et son zèle. Il voulut avoir la consolation de donner à ses nouveaux enfants les fatigants exercices d'une retraite. Vainement lui opposa-t-on l'état de sa santé, toute résistance fut inutile. Un instant on put se faire illusion, il parut reprendre pendant ces exercices une vigueur nouvelle. Était-ce le feu intérieur dont son cœur était dévoré qui communiquait à son corps épuisé cette énergie extraordinaire ? Il n'en faut pas douter ; car l'affaissement revint bientôt ; il fut malheureusement favorisé par les vents d'est qui soufflèrent presque sans relâche en janvier et en février. En vain les soins les plus assidus lui furent-ils prodigués, en vain les prières les plus ferventes montaient-elles chaque jour vers le ciel pour le rétablissement d'une santé si chère, la maladie faisait de rapides progrès. Bientôt même tout espoir fut perdu : il fallut avertir M. Bouvrain de se préparer au grand voyage ; le saint prêtre reçut cette nouvelle avec un doux sourire : « Allons, il faut partir ! » dit-il, « *lætatus sum in his quæ dicta sunt mihi : in domum Domini ibimus !* » Il demande lui-même les derniers sacrements : l'ardente piété avec laquelle il reçoit le Dieu de l'Eucharistie tire des larmes de tous les assistants. Depuis ce moment jusqu'à son dernier soupir, il n'eut plus de pensée que pour le ciel. Le crucifix dans ses mains, les yeux attachés sur la divine victime, il parut avoir oublié complétement la terre. Ses lèvres mourantes ne prononçaient par intervalle que quelques paroles enflammées qu'on pouvait à peine saisir. Il est un souvenir cependant qui dut souvent traverser son âme aimante, percer son tendre cœur ! C'est le souvenir de sa famille absente, de sa bonne mère, de son père tendrement aimé. Hélas ! le pauvre père, à la première nouvelle de l'état de son fils, était accouru de Paris ; il n'eut pas la consolation de lui fermer les yeux ! Ses lèvres ne purent se coller que sur les restes glacés de son enfant !... Disons que son cœur de chrétien a été à la hauteur de son infortune. La résignation héroïque, la douleur profonde et calme du père n'a pas été moins digne d'admiration que la mort sainte du fils.

La foule accourue aux funérailles du digne prêtre a prouvé, par son maintien grave et recueilli, qu'elle savait comprendre tout ce que ce spectacle avait de solen-

nel ; on voyait bien que c'était un sentiment bien diffé-
rent de la curiosité qui l'attirait. Le peu de temps que
M. l'abbé Bouvrain avait passé dans nos murs avait suffi
pour lui concilier la sympathie de tous les gens de bien,
l'estime de tout le monde. Quant au couvent de la Présentation qu'il a tant édifié de ses vertus, auquel il a consacré, avec tant de dévouement, les dernières ardeurs d'un
zèle tout apostolique, les larmes que sa mort a fait verser
pourront tarir, mais son souvenir restera gravé dans tous
les cœurs ! Puissent ces marques d'estime et de sympathie
être pour sa famille et ses nombreux amis un soulagement à leur douleur ! Puisse-t-il lui-même, du haut du
ciel, où ses vertus, sans doute, l'ont placé, continuer par
ses prières tout le bien qu'il a fait au milieu de nous !

Les dépouilles mortelles de l'abbé Bouvrain ont été
transportées à Paris, pour être inhumées près de celles
d'une sœur bien-aimée qu'il avait perdue, il y a quelques
années, et à laquelle, quelques instants avant de mourir,
il avait manifesté le désir d'être réuni.

(L'Union du Var.)

Le diocèse de Paris vient de perdre un de ses jeunes
prêtres les plus dévoués, M. l'abbé Bouvrain, récemment
encore vicaire de Ménilmontant.

Placé immédiatement, après son ordination, dans cette
paroisse, une des plus difficiles de la banlieue de Paris,

M. l'abbé Bouvrain y avait déployé un zèle des plus éclairés et des plus fermes ; sous la direction de M. de Pille, curé de cette paroisse, il avait laissé déborder la séve vigoureuse de son jeune sacerdoce, et son ardeur avait gagné tout le monde autour de lui. En peu de temps, des œuvres de catéchisme et de patronage pour les apprentis et les jeunes filles avaient été créées et améliorées ; un courant religieux s'était manifesté au milieu de cette population si endormie dans l'indifférence, et chacun s'applaudissait de voir la bénédiction de Dieu descendre sur les efforts du jeune prêtre. Mais *l'ennemie* est venue qui a tout dispersé de son souffle. M. Bouvrain a vu bientôt sa santé, avec laquelle il ne comptait pas, trahir son ardeur : ses forces ont rapidement décliné, et il a fallu céder au mal ; mais il n'a cédé qu'à demi. Forcé de s'éloigner de la paroisse qu'il aimait et d'aller passer sous un climat plus doux des jours qui lui étaient comptés, il a voulu rester sur la brèche et se consacrer au service des âmes jusqu'à sa dernière heure. Mgr l'évêque de Fréjus, admirant et encourageant le zèle indomptable de notre jeune confrère, avait bien voulu lui confier à Saint-Tropez la direction spirituelle des Sœurs enseignantes, et c'est en faisant encore aimer Notre-Seigneur par quelques âmes qu'il a attendu une mort précieuse comme sa vie.

Pretiosa est in conspectu Domini mors sanctorum ejus.

(*L'Ami de la Religion.* 20 Mars 1858.)

L'abbé Bouvrain, prètre du diocèse de Paris, ancien vicaire de Ménilmontant, est décédé le 11 mars, à l'âge de vingt-huit ans et demi, à Saint-Tropez (Var), où il était allé pour rétablir sa santé, gravement altérée dans l'exercice du saint ministère. Mgr l'évêque de Fréjus l'avait nommé aumônier du couvent des Dames de la Présentation. La ville de Saint-Tropez, qu'il avait édifiée par sa piété, a voulu lui témoigner ses regrets en assistant en grande partie à ses funérailles et en se partageant, comme pieux souvenir, les palmes qui recouvraient son cercueil.

(L'Univers. 20 Mars 1858.)

Nous apprenons la mort de l'abbé Bouvrain, récemment encore vicaire de Ménilmontant; forcé d'aller demander à des climats plus doux quelque soulagement à une maladie dont il souffrait depuis assez longtemps, l'abbé Bouvrain s'était retiré à Saint-Tropez, sur les bords de la Méditerranée; il y dirigeait une communauté de Sœurs enseignantes, lorsque la mort est venue trancher une vie si pleine de dévouement.

(Gazette de France. 22 Mars 1858.)

Mademoiselle Virginie

BOUVRAIN

Née à Paris, le 7 Août 1835.

Morte à Paris, le 17 Août 1852.

Ætas senectutis vita immaculata; consummatus in brevi explevit tempora multa.

La vie sans tache est une vieillesse devant Dieu : consumée à l'aurore de ses jours, elle avait achevé de longues années.

(*Sag.* iv.—9. 13.)

Pleurons la mort de ceux qui nous sont
chers, plutôt comme une absence que
comme une perte; cherchons-les où ils
sont, en Jésus-Christ!

Saint Jérôme.

(Copié de la main de M. BOUVRAIN Père,
dans son carnet intime.)

Imprimerie Renou et Maulde, rue de Rivoli, 144.   53233

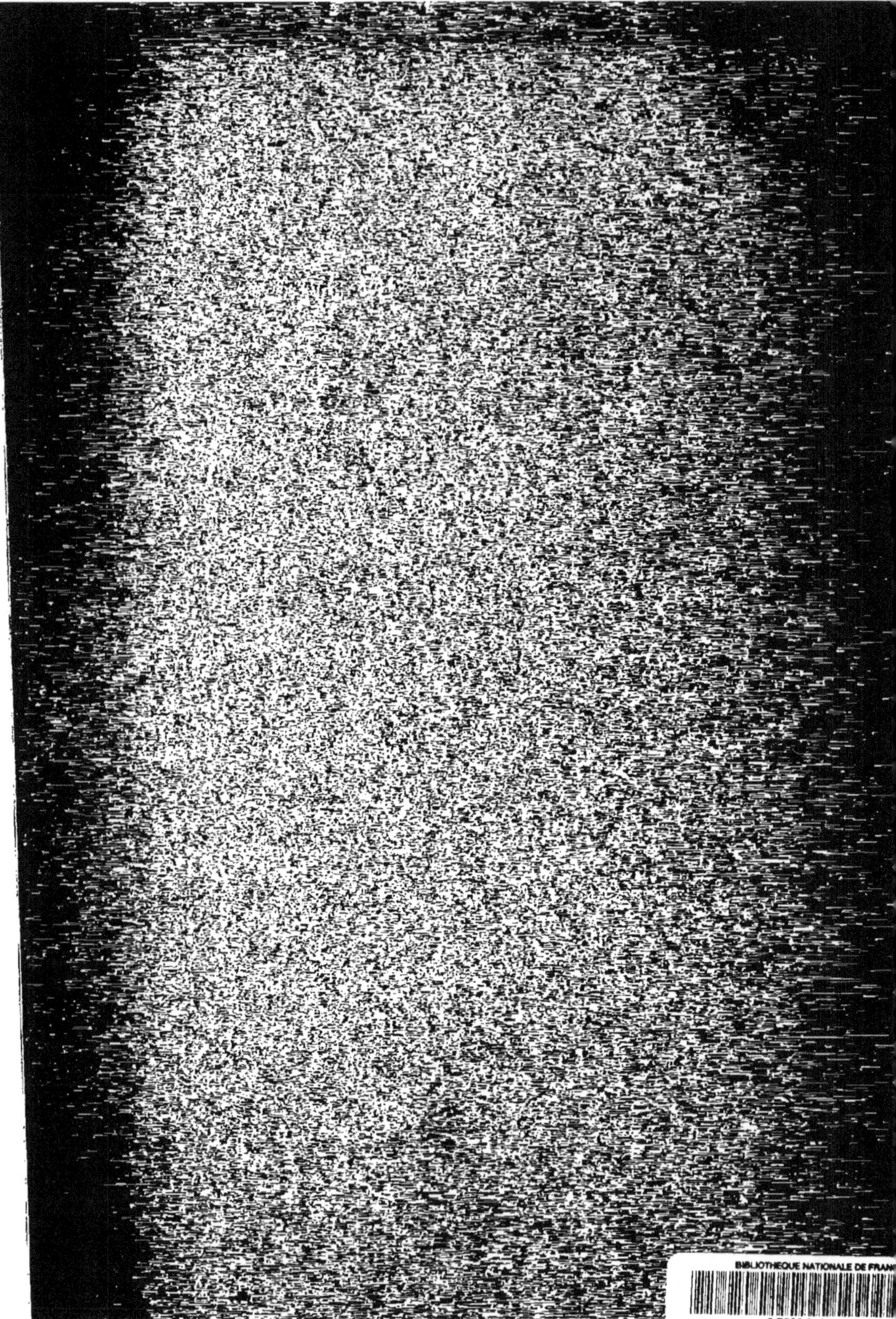